please sign our guest book

welcome to our home

_____

address

_____

please tag us in your snaps

life is like the

ocean.

it can be calm or still,

and rough and rigid,

but in the end, it is always

beautiful.

date, name, address
& comments

date, name, address
& comments

date, name, address
& comments

date, name, address
& comments

date, name, address
& comments

date, name, address

& comments

date, name, address
& comments

date, name, address & comments

date, name, address
& comments

date, name, address
& comments

....

....

....

....

....

date, name, address
& comments

date, name, address & comments

date, name, address
& comments

date, name, address
& comments

date, name, address
& comments

date, name, address

& comments

....

....

....

....

....

date, name, address
& comments

date, name, address

& comments

....

....

....

....

....

date, name, address
& comments

date, name, address & comments

date, name, address
& comments

date, name, address
& comments

date, name, address
& comments

date, name, address
& comments

date, name, address
& comments

date, name, address & comments

....

....

....

....

....

date, name, address & comments

....

....

....

....

....

date, name, address
& comments

date, name, address & comments

date, name, address
& comments

....

....

....

....

....

date, name, address
& comments

date, name, address
& comments

date, name, address
& comments

date, name, address & comments

....

....

....

....

....

date, name, address
& comments

date, name, address & comments

date, name, address & comments

....

....

....

....

....

date, name, address
& comments

....

....

....

....

....

date, name, address
& comments

date, name, address
& comments

date, name, address
& comments

date, name, address
& comments

date, name, address
& comments

date, name, address
& comments

date, name, address
& comments

date, name, address

& comments

date, name, address
& comments

date, name, address
& comments

date, name, address & comments

date, name, address
& comments

....

....

....

....

....

date, name, address
& comments

date, name, address
& comments

....

....

....

....

....

date, name, address & comments

date, name, address
& comments

date, name, address

& comments

....

....

....

....

....

date, name, address
& comments

date, name, address & comments

....

....

....

....

....

date, name, address
& comments

date, name, address
& comments

date, name, address & comments

date, name, address
& comments

date, name, address

& comments

....

....

....

....

....

date, name, address
& comments

date, name, address & comments

date, name, address
& comments

··
··
··
··
··

date, name, address

& comments

date, name, address
& comments

....

....

....

....

....

date, name, address & comments

....

....

....

....

....

date, name, address
& comments

date, name, address
& comments

....

....

....

....

....

date, name, address
& comments

....

....

....

....

....

date, name, address & comments

....

....

....

....

....

date, name, address
& comments

date, name, address
& comments

....

....

....

....

....

date, name, address

& comments

date, name, address
& comments

date, name, address
& comments

date, name, address & comments

date, name, address
& comments

date, name, address
& comments

date, name, address
& comments

date, name, address & comments

....

....

....

....

....

date, name, address
& comments

date, name, address
& comments

date, name, address
& comments

date, name, address & comments